AF237264

Liebe Leserinnen und Leser,

dies Gedichtband habe ich den Brücken und dem Wasser gewidmet. Brücken symbolisieren Verbindung und Wandel, Wasser ist für uns Menschen lebenswichtig. Sie gehören zusammen, die Brücke, die sich über einen Fluss schwingt und das Wasser, das seinen Weg findet.

Lassen Sie sich von meinen Gedichten wieder entführen in die Welt der Fantasie

Ihre
Heike Boeke

Heike Boeke

Gedichte Brücken und Wasserspiele

Bibliografische Information der Deutschen Nationalbibliothek:
Die Deutsche Nationalbibliothek verzeichnet diese Publikation in der Deutschen Nationalbibliografie; detaillierte bibliografische Daten sind im Internet über http://dnb.dnb.de abrufbar.

Illustration: **Heike Boeke**
Autorenbild: Frau Sabina Berlien-Paries

Herstellung und Verlag: BoD – Books on Demand, Norderstedt

ISBN: 9783752811094

Inhalt

Brücken verbinden

Ich laufe so durch Wald und Wiesen,
die Bäume stehn am Weg, wie Riesen.

Da, von Weitem hör ich´s brausen,
mich packt jetzt ein kaltes Grausen.

In der Luft, es riecht so streng,
meine Brust, sie wird ganz eng.

Wie soll ich hinüberkommen?
Andre Seit seh nur verschwommen.

Ein Höllenschlund durchtrennt das Land,
ich steh verzweifelt jetzt am Rand.

Doch da, was seh ich hier von Fern,
mein Aug durchdringt nun diesen Lärm.

Ein Brücklein führt zur andren Seit,
die Flügel spannt es aus ganz weit.

Verbindet nun die beiden Seiten,
mich sicher jetzt hinüber leiten.

Wenn wir doch mehr Brücken hätten,
die viel mehr Leben könnten retten!

Sägen kreischen, Erde bebt,
Kran sich in die Lüfte hebt.

Schweiß tropft von den nassen Haaren,
Menschen stehn in großen Scharen.

Seile spann sich, ächzen laut,
als die Brücke wird gebaut.

Kraft und Mut bedarf es jetzt,
als die Brück sich niedersetzt.

Halten Pfeiler den Koloss?
Schnauben wie ein müdes Ross!

Doch der Mensch, der dies gemacht,
hat geplant hier mit Bedacht.

Kraft und Mut, und auch Visionen,
können hier sich jetzt belohnen.

Hätt der Mensch doch auch die Kraft,
dass er Menschenbrücken schafft!

Zahnbrücke

Mein Zahn, er stand mir schief im Mund,
geschlagen hat ihm letzte Stund.

Mit einem Ruck flog er hinaus,
ne Lücke sah ich nun mit Graus.

Gelacht hab ich drauf nicht mehr viel,
bis ich war am neuen Ziel.

Jetzt ziert ne Brücke meinen Mund,
die hat gekostet manches Pfund.

Doch bin ich froh, dass sie ist da,
dort, wo zuvor die Lücke war.

Brückenschlag

Unversöhnlich, und voll Wut,
mehr, als das es gut mir tut.

Steh am Ufer, schau hinüber,
die Gedanken werden trüber.

Will den Frieden, such die Brücke,
denn will schließen endlich Lücke.

Doch der andre will ihn nicht,
Brückenschlag, ist nicht in Sicht.

Zugbrücke

Die Burg, sie ward geschützt durch sie,
damit erobert wurd sie nie.

Ein Graben, tief sie überspannt,
manch Ungetüm sich darin fand.

Mit Ketten wurd sie hochgezogen,
an ihr zerschellte Pfeil und Bogen.

Doch auch die Menschen, die darinnen,
sie konnten nun nicht mehr entrinnen.

Der Schutz ward trügerischer Schein,
bis das getrunken war der Wein.

Bis das gegessen ward das Brot,
die Menschen dann in großer Not.

Die Brücke schloss sie alle ein,
das Leben war die helle Pein.

Hängebrücke

Ich mach beherzt den ersten Schritt,
die Brücke schwankt bei jedem Tritt.

Schau in die Tiefe, halt mich fest,
mein Magen Flügel wachsen lässt.

Wie weit ist´s bis zum festen Grund?
Ich denk, mir schlägt die letzte Stund.

Ein Wind kommt auf, wie schaff ich´s nur?
Mein Leben hängt an einer Schnur.

Doch halt ich durch, es ist geschafft,
der Weg, er gab mir Lebenskraft.

Brückentage

Zwei Feiertage sind die Pfosten,
auf denen meine Brücke steht.

Denn Urlaubstage solls nicht kosten,
wenn´s bald dann in die Sonne geht.

So bau ich Brücken mir im Jahr -
als Architekt bin ich ein Star.

Auf ihnen reis ich durch das Land,
und bau ne Burg aus weißem Sand.

So such ich schon die nächste Lücke,
und bau mir dann noch schönre Brücke.

Luftbrücke

Wege, Stege, Straßen, Brücken,
findet man in kleinen Stücken.

Menschen sind in höchster Not,
und finden nicht einmal ein Boot.

Dann werden Brücken dort gebaut,
wo sich Verkehr niemals mehr staut.

Kein Beton und auch kein Stahl,
dort, wo sie sind, ist es ganz kahl.

Kein Pfosten steht im Boden fest,
kein Seil im Wind sie wanken lässt.

Unsichtbar und federleicht,
sie über weite Strecken reicht.

Brücken aus Liebe gemacht,
damit der Mensch bald wieder lacht!

Brückenlast

Brücken tragen viel an Last,
niemals kommen sie zur Rast.

Autos fahren hin und her,
manche davon viel zu schwer.

Sind gebaut für kurze Wege,
und für Menschen, welche träge.

Wanken manchmal hin und her,
wenn die Last ist gar zu schwer.

Doch bauen kann man stets auf sie -
ach, wenn das Wort doch wär wie sie.

Handelsbrücken

Der Mensch baut gerne große Brücken,
die auch den Handel dann entzücken.

Da fahren Güter hin und her,
auf dass das Geld wird immer mehr.

Der Reiche profitiert sehr oft,
der Arme nur auf Bessres hofft.

Die Brücke, die das Geld soll bringen,
kann manches Liedlein dazu singen.

Oft ist der Preis ein Menschenleben,
wenn nur noch wir nach Reichtum streben.

Landbrücke

Es war einmal, vor uralter Zeit -
der Weg zum Nächsten, er war nicht sehr weit.

Man konnte ihn einfach besuchen,
ganz ohne eine Reise zu buchen.

Ganz leicht begegnen konnte man sich,
manch Kontinent doch bald entwich.

Nun saß man auf dem eigenen Land,
den Weg zum Andren, man nun nicht mehr fand.

Da wurd er ganz plötzlich fremd und hässlich,
sich nähern ihm, das war nur noch grässlich.

Er sollte bleiben dort wo er war,
befremdlich das, was nunmehr geschah.

Dort, wo zuvor ein Kontinent,
jetzt Grenze, die die Menschen trennt.

Dort, wo zuvor Gemeinsamkeit,
herrscht nun nur noch die Einsamkeit.

Dort, wo die Brücke über Land,
man nur noch Einzelstücke fand.

Wie schade, dass die Zeit vorbei,
als Menschen damals waren frei!

Ich steh am Rand, das Auto streikt,
der Tag sich auch dem End zuneigt.

Ich heb die Haube, schau darunter -
die Batterie scheint nicht mehr munter.

Oweh, was mach ich denn jetzt nun?
Was kann ich bloß jetzt für sie tun?

Da plötzlich seh von Fern ich Licht,
die Rettung scheint sehr bald in Sicht.

Der Wagen hält, und es erscheint,
ein Mann, der gut es mit mir meint.

Ein Kabel hält er in den Händen,
mit dem das Unglück wird nun enden.

Die Batterie, sie wird geladen,
behoben ist der kleine Schaden.

Ich bin so froh, dass Hilfe kam,
und nehm den Fremden in den Arm.

Jetzt summt mein Auto vor sich hin,
und ich, ich sitze fröhlich drin.

Am Ruder will ein jeder stehen,
und meint, nur mit ihm kann es gehen.

Der eine sagt links, der andre schreit rechts,
bis dass das Schiff vor Anstrengung ächzt.

Der Wind kommt von vorn, die Wellen so groß,
und plötzlich die Mannschaft das Ruder lässt los.

Das Schiff schwankt gefährlich, doch keiner will ran,
verlassen die Brücke von Jedermann.

Wo sind die Herren, die führten das Schiff?
Gefährlich nah kommt´s jetzt schon ans Riff!

Doch Niemand will nehmen das Heft in die Hand,
so sitzt das Schiff nun auf trockenem Land.

Der Kapitän schaut voller Frust,
das Schiff zu fahren hat keiner mehr Lust.

Es war viel besser im Winde zu streiten,
als in tiefen Tälern zu reiten.

Nun ist die Brücke verwaist und zerstört,
weil niemand so recht auf den andren gehört.

Brückengeländer

Schau mir das Geländer an,
seh manch Schlösslein hängt daran.

Schlösser, bunte Farbenpracht,
viele sind dort angebracht.

Das Geländer trägt Versprechen,
dass die Liebe wird nicht brechen,

dass die Liebe nie vergeht,
so, wie diese Brücke steht.

Eisenbahnbrücke

Von Ferne hör ich's mächtig schnaufen,
ich fange an ganz schnell zu laufen,
denn vorn da seh ich eine Brücke,
meinen Fotoapparat nun zücke.

Da kommt es an, das Eisenross,
der Qualm aus allen Ecken schoss.

Es tutet, schwarzer Rauch steigt auf,
ich drücke ab, das Bild ist drauf.

Die Brücke bleibt allein zurück,
begleitet hat sie's Ross ein Stück.

Wolkenbrücke

Ich in den blauen Himmel schau,
plötzlich Wolkenmassen, grau.

Bilden Vögel, weiße Schwingen,
im Wind hör ich sie fröhlich singen.

Dann zerrt der Wind mit ganzer Kraft,
und neue Wolkentürme schafft.

Gewaltig steht sie plötzlich da,
wo vorher ich nur Tiere sah.

Aus Watte wurd gebaut sie jetzt,
bevor der Wind sie hat zerfetzt.

Wolkenbrücke weiß wie Schnee,
die Vergänglichkeit ich seh.

Regenbogenbrücke

Am Firmament ein buntes Band,
spannt einen Bogen übers Land.

Auf ihm ein Mensch, der kann nicht gehen,
und nicht einmal er kann dort stehen.

Die Brück gemacht aus Regentau,
auf die ich mit Bewundrung schau.

Sie steht so da im dunklen Grund,
geschlagen hat bald letzte Stund.

Die Sonne nimmt ihr bald das Leben,
denn Regentropfen muss sie geben.

Doch leuchtend hat sie Freud gebracht,
bis sie sich aus dem Staub gemacht.

Eselsbrücken

Ich steh vorm Bankenautomat,
und brauch ganz schnell mal guten Rat.

Wie war die Zahl verflixt noch mal,
ich hab jetzt nur noch einmal Wahl.

Ich stehe gänzlich auf dem Schlauch,
ich schwitz, aus meinem Kopf steigt Rauch.

In meinem Kopf, da ist ein Loch,
ich innerlich vor Wut schon koch.

Wie merk ich Esel mir den Code,
bau eine Brücke mir vor Ort.

Zwei mal Fünf ist eine Zehn,
die eins davor, die lass ich gehn.

An das, was bleibt mal ich nen Kreis,
jetzt weiß ich, wie die Zahl nun heißt!

Ich tipp sie ein, es ist geschafft,
der Automat hat es gerafft.

Pack ein mein Geld und geh geschwind,
wie gut doch Eselsbrücken sind.

Landungsbrücke

Das Schiff legt an, die Wellen schwappen,
an Land die Helfer Taue schnappen.

Um Pfähle werden sie gewunden,
ganz fest wird's Schiff nun angebunden.

Doch zwischen Land und Schiff ein Spalt,
das Wasser drunter ist sehr kalt.

An Land seh ich ne Brücke liegen,
die Helfer jetzt mit Kraft anschieben.

An Bord zwei fesche Leichtmatrosen,
mit blütenweißen Hemd und Hosen.

Die nehmen sie ganz schnell entgegen,
aufs Schiff behände sie sie legen.

Jetzt ist der Weg nun frei für mich,
auf schwankend Brück begeb ich mich.

Erreich das Land und schau zurück,
die Landungsbrücke gab's zum Glück.

Gedeckte Brücken

Von weitem schau ich ganz verzückt,
dies Brücklein ist gar sehr geglückt.

Mit einem Dach aus Holz gebaut,
umtost von einem Fluss gar laut.

Ich lauf hindurch seh Blumenpracht,
an großen Fenstern angebracht.

Wie grad geschlagen riecht das Holz,
sie ist der Bürger ganzer Stolz.

Viel hundert Jahre alt ist sie,
Gestalt sie hat verändert nie.

Einst Pferde zogen hier die Wagen,
manch Pferdeäpfel auf ihr lagen.

Doch diese Zeit, sie ist vorüber,
nun fahren laute Autos drüber.

Doch sie, sie steht im Boden fest,
die Ruhe sich nicht nehmen lässt.

Ich fahr so durch das flache Land,
ein großer Fluss zieht blaues Band.

Auf ihm fahrn Schiffe hoch und lang,
da wird mir ja ganz angst und bang.

Dort vorne eine Brücke steht,
das Schiff sich darauf zu bewegt.

Hindurch dies Schiff dort niemals passt,
doch fährt es weiter ohne Hast.

Die Hände vor die Augen schlage,
ich gar nicht hinzuschauen wage.

Da plötzlich hebt die Brücke sich,
sie diesem großen Schiff auswich.

Was ist das für ein Wunderwerk,
dagegen bin ich wie ein Zwerg.

Jetzt sinken ihre Flügel nieder,
manch Auto fährt hinüber wieder.

Ich fahr so übers blaue Band,
und wieder durch ein flaches Land.

Wärmebrücken

Ich schau hinauf zur Zimmerdecke,
was ist das bloß in dieser Ecke.

Es sieht so grau aus und so feucht,
mich schlimme Ahnung jetzt aufscheucht.

Ich klettre hoch und fühl es jetzt,
da hat sich doch was hingesetzt.

Gebildet hat ne Brücke sich,
aus der die Wärme schnell entwich.

Die Folge, die kann ich jetzt sehen,
vor Wut sich Nasenflügel blähen.

Gefrorn hat nämlich diese Wand,
drum Schimmel sich auf ihr befand.

Die Dämmung, die war hier beschissen,
und Effizienz tu ich vermissen.

Ich soll halt lüften hör ich jetzt,
dann Schimmel sich nicht niedersetzt.

Die Wärmebrücke jedoch bleibt,
und Schimmelblüten weiter treibt.

Brückenschwellen

Lauter kleine Brücken liegen,
übers ganze Land verteilt.

Dürfen sich bloß nicht verbiegen,
wenn ein Zug hinüber eilt.

Sind aus Holz, aus Stahl, aus Eisen -
sie dem Zug die Wege weisen.

Niemals dürfen sie zerbrechen,
oder haben kleine Schwächen.

Im Bett sie müssen liegen fest,
sonst sie liegen man nicht lässt.

Im Zug man hört sie rattern leise,
sie singen steht´s auf gleiche Weise.

Ratterdiratt, Ratterdiratt,
ich bring dich jetzt zur nächsten Stadt.

Brückenbeleuchtung

Strahlend heller Lichterkranz,
Brücke steht in hellem Glanz.

am Tag sie steht so da sehr schlicht,
doch wenn entweicht das helle Licht,
dann leuchten an ihr tausend Lichter,
die Brücke jetzt bekommt Gesichter!

Sie spiegeln sich im Fluss darunter,
und hüpfen auf und ab gar munter.

Es ist, als ob die Brücke lebt,
in luftger Höhe sie dann schwebt.

Brückenpfeiler

Sie stehen in der Erde fest,
kein Wind sie jemals wanken lässt.

Bemalt sind sie, Beton und Stahl,
doch oft ist ihr Gesicht auch fahl.

Sie stehen manchmal nur zu zweit,
wenn über sie der Weg nicht weit.

Doch auch nicht selten sind´s sehr viel,
es kommt hier an auf Brückes Stil.

Doch ohne sie die Brück nicht steht,
und niemand je hinüber geht.

Schiffsbrücke

Stolz steht der Kapitän im Ruderhaus,
von hier in die Ferne zieht er hinaus.

Die Brücke, sie ist sein Reich schon sehr lang,
von hier sein Schiff, er bringt es in Gang.

Der Kompass den Weg ihn auf Weltmeeren zeigt -
sein weißes Haupt über Seekarten neigt.

Die Schiffsbrücke, sie hält alles bereit,
dem Schiff sie gibt ein sichres Geleit.

Die Glocke, sie klingt ganz hell und beglückt -
die Fahrt übers Meer, sie ist ihm geglückt.

Brücke am Fluss

Das Wasser träge fließt es dahin,
die Landschaft sie spiegelt sich darin.

Zwei Pfeiler plötzlich stehen im Weg,
denn übern Fluss, da führt nun ein Steg.

Das Wasser wütet gurgelnd erbost,
der Fluss wie wild die Pfeiler umtost.

Die Brücke steht stolz, unverzagt hier im Licht,
und zeigt ihr honigfarben Gesicht.

Sie ist ganz aus Holz, mit Blumen geschmückt,
es ist , als ob sie der Welt ganz entrückt.

Das Wasser, es schaut zurück jetzt und lacht -
was hat das Menschlein doch Schönes gemacht!

Felsenbrücke

In Jahrmillionen sie entstanden,
als Dinos sich hier noch befanden.

Natur, sie formt mit starker Hand,
ein Bogen spannt sie übers Land.

Mit Regen, Wind, unbänd´ger Kraft,
hat sie dies Wunderwerk geschafft.

Der Felsen wurd geformt mit Macht,
Natur zeigt ihre ganze Pracht.

Wie klein der Mensch dagegen ist,
und oft dies dann auch noch vergisst.

Wasserorgel

Menschen stehen hier am Rand,
nervös sind sie, und ganz gespannt.

Zu ihren Füßen wasserkräuseln,
von Fern Musik fängt an zu säuseln.

Ein Donnerhall, ein Lied anhebt,
das Wasser mit ihm jetzt erbebt.

Fontänen steigen hoch hinauf,
und rasend schnell beginnt der Lauf.

Mit jedem Ton es spritzt,
das Wasser kocht und ist erhitzt.

Es rast nach rechts, steigt himmelwärts,
vor Freude nun, da springt mein Herz.

Von rechts und links es schießt heran,
vereint sich in der Mitte dann.

Schießt in die Höhe, fällt hinab,
bleibt liegen dann und ist ganz schlapp.

Dann wird es leise,
zu Ende scheint die Wasserreise.

Das Wasser wellt so hin und her,
im Herz, da wird es mir so schwer.

Doch noch am Ende steigt's nach oben,
zum Schluss noch mal ein wildes Toben.

Die Menschen stehn am Rand gebannt,
und klatschen heftig Hand in Hand.

Wasserfall

Ganz langsam fließt der Fluss dahin,
die Sonne spiegelt sich darin.

Von Fern hört man ein leises Rauschen,
das Wasser fängt an sich plötzlich zu bauschen.

Der Fluss fließt schneller, und eng wird sein Bett,
ein ruhiges Plätzchen, das wäre jetzt nett.

Es gurgelt, ein Strudel, das Wasser nun schäumt,
ein Hindernis sich´s aus dem Weg nun gar räumt.

Da plötzlich ein Abgrund, tief ist der Fall -
das Wasser, es fällt, kommt auf mit nem Knall.

Aus Tropfen ein Bogen aus Farben entsteht,
bevor das Wasser den Weg weiter geht.

Ganz langsam fließt der Fluss nun dahin,
die Sonne, sie spiegelt sich glänzend darin.

Regensturm

Ich wandre froh durch Wald und Wiesen,
da seh ich dunkle Wolkenwiesen.

Wo find ich Schutz vor kommend Sturm,
ich fühl mich wie ein armer Wurm.

Es fängt schon heftig an zu blitzen,
und ich beginne jetzt zu flitzen.

Die ersten Regentropfen fallen,
Donnerschläge laut verhallen.

Der Regen peitscht, ein Sturm zieht auf,
ich daher nun noch schneller lauf.

Die Tropfen spielen mit mir Fangen,
auf meine Haut sie jetzt gelangen.

Ich frier vor Kälte, bin patschnass,
der Regen hat nun seinen Spaß.

Zum schlafen legt sich Sturm und Regen,
ein trockner Ort wär jetzt ein Segen.

Die Pfütze

Regennass ist der Asphalt,
Risse hat er und ist alt.

Wasser sammelt sich darinnen,
Kinder hält es nicht mehr drinnen.

Gummistiefel, Regenhaube,
bilden sie alsbald ne Traube.

Springen, dass das Wasser spritzt,
das in Pfützen hier festsitzt.

Braun wird´s von den vielen Schuhen,
kann dort auch nicht mehr ausruhen.

Flink ins Wasser läuft´s geschwind,
wo auch die Geschwister sind.

Die Quelle

In tiefer Erde schläft sie fest,
bevor ein Fels sie sprudeln lässt.

Sie wird gespeist vom vielen Regen,
der zu ihr kommt auf manchen Wegen.

Vom Grund der Erde Wasser dringt,
in dem jedoch kein Fischlein springt.

Sie stillt den Durst und Leben spendet,
ja, Wasser um die Welt sie sendet.

Passt auf, das niemals sie versiegt,
dein Leben in ihren Händen liegt.

Strudel

Ein Wirbel im Wasser ganz plötzlich entsteht,
wer dort hineinkommt, ihm nicht mehr entgeht.

Das Wasser, es kreist, wie der blaue Planet,
der Fluss Drumherum somit niemals steht.

Am Rand ist er groß, in der Tiefe recht klein -
pass auf, dass du kommst dort niemals hinein.

Tief in sein Inneres zieht er die dann,
weh dem, der ihm niemals entrinnen mehr kann.

Meer

Das Meer, so weit, so tief, so wild -
manch Sehnsucht es im Herzen stillt.

Nicht Grenzen, Pfosten, geschlossene Türen,
im Meer, da kann man die Freiheit ganz spüren.

Auf Wellen reiten, weit hinaus -
dort wo nicht steht ein festes Haus.

Geruch von Salz, und Sonne auf der Haut,
und blaue See, wohin man nur schaut.

Das Meer auch Heimat für so viele,
drum nicht mit seinem Leben spiele.

Bedenk es ist für uns Alle da,
und wird besucht von Fern und Nah.

Wasserlos

Wüst und leer, die Zunge klebt,
nichts mehr hier im Umkreis lebt.

Wasser gibt es hier nicht mehr,
und das Leben ist so schwer.

Quellen einst in großer Zahl,
doch die Hänge sind nun kahl.

Fort von hier man muss nun gehen,
wenn nur noch heiße Winde wehen.

Wenn das Leben nur noch Qual,
hat man keine andre Wahl.

Heimatlos und auf der Such,
wasserlos, das ist ein Fluch!

Aus kleiner Quelle er entsprang,
das Wasser aus dem Felsen drang.

Erst klein und schwächlich rinnt´s daher,
es tut sich mit dem Weg noch schwer.

Manch Stein liegt da im Weg herum,
der Fluss kurvt einfach Drumherum.

Dann wird es steil, das Wasser fällt,
nichts mehr in seinem Bett ihn hält.

Der Fluss wird reißend, spritzt und faucht -
das Wasser Nebelschwaden raucht.

Manch dicker Fisch geht an die Angel,
dabei gibt´s oft ein wild Gerangel.

Nun ist er breit und fließt recht träge,
denn finden braucht er keine Wege.

Dann heftig aus dem Schlaf gerissen,
steht plötzlich er vor Hindernissen.

Er wirbelt, schäumt und rebelliert,
dabei auch Wasser er verliert.

Jedoch kommt neues schnell hinzu,
so hat der Fluss bald wieder Ruh.

Viel Tücken hat der Fluss des Lebens,
oft sucht man Ruheort vergebens.

So schau auf deinem Weg nach vorn,
zurück auf keinen Fall im Zorn.

Über die Brücke gehen

Ich schau ans andre Ufer rüber,
will über diese Brück nicht rüber.

Viel schöner ist's auf dieser Seit -
der Weg dorthin ist mir zu weit.

Ich hab viel Freunde hier und Leben,
daher ich will dorthin nicht streben.

Hier ist es bunt und Vögel singen,
manch schöne Stund kann ich verbringen.

Doch auf der andren Seit, oh Graus -
ist nicht einmal für mich ein Haus.

Ich weiß nicht, was mir dort passiert,
wer sich dorthin zudem verirrt.

Drum möcht ich bleiben hier und jetzt,
drum Stund hab ich mir festgesetzt.

Wenn ich dann müd und kann nicht mehr,
ich dieser Seit den Rücken kehr.

Bis dahin aber möcht ich nicht,
dem Tode schaun ins Angesicht.

Brückenreise

Ich bin gereist durch manches Tal,
die Wege waren oftmals schmal.

Auch Berge hab ich viel gesehen,
auf vielen Gipfeln konnt ich stehen.

Durch Wiesen voller Blumenpracht,
mit Freunden hab ich auch gelacht.

Doch nun das Leben wird so schwer,
dem Hier und Jetzt den Rücken kehr.

Betret die Brücke, geh auf die Reise,
gegangen bin ich fort ganz leise.

Am andren Ufer Ruh ich fand,
zerrissen ist jetzt nun das Band.

Doch führt die Brücke mich ins Licht,
und heller Tag jetzt nun anbricht.

Auch, wenn ich gern geblieben wär,
und mir der Abschied fiel doch schwer.

Dies Brücklein neues Glück mir schenkt,
drum freut euch, wenn ihr an mich denkt.

Weitere Gedichtbände von Heike Boeke

Gedichtband Schmunzeln

ISBN-13: 9783746030906
Lach mal wieder

Gedichtband Natur

ISBN: 978-3-7460-1687-0
Gedichte über die Schönheit der Natur

Gedichte Mensch

ISBN: 978-3-7460-3383-9
Gedichte über und für Menschen

ISBN-13: 9783752849769
Bleiben Sie gesund